EXTREME DOT PUZZLES WITH OVER 15000 DOTS

DOT TO DOT PUZZLE
BY **MODERN PUZZLES PRESS**

FANTASY & MYTHICAL CREATURES

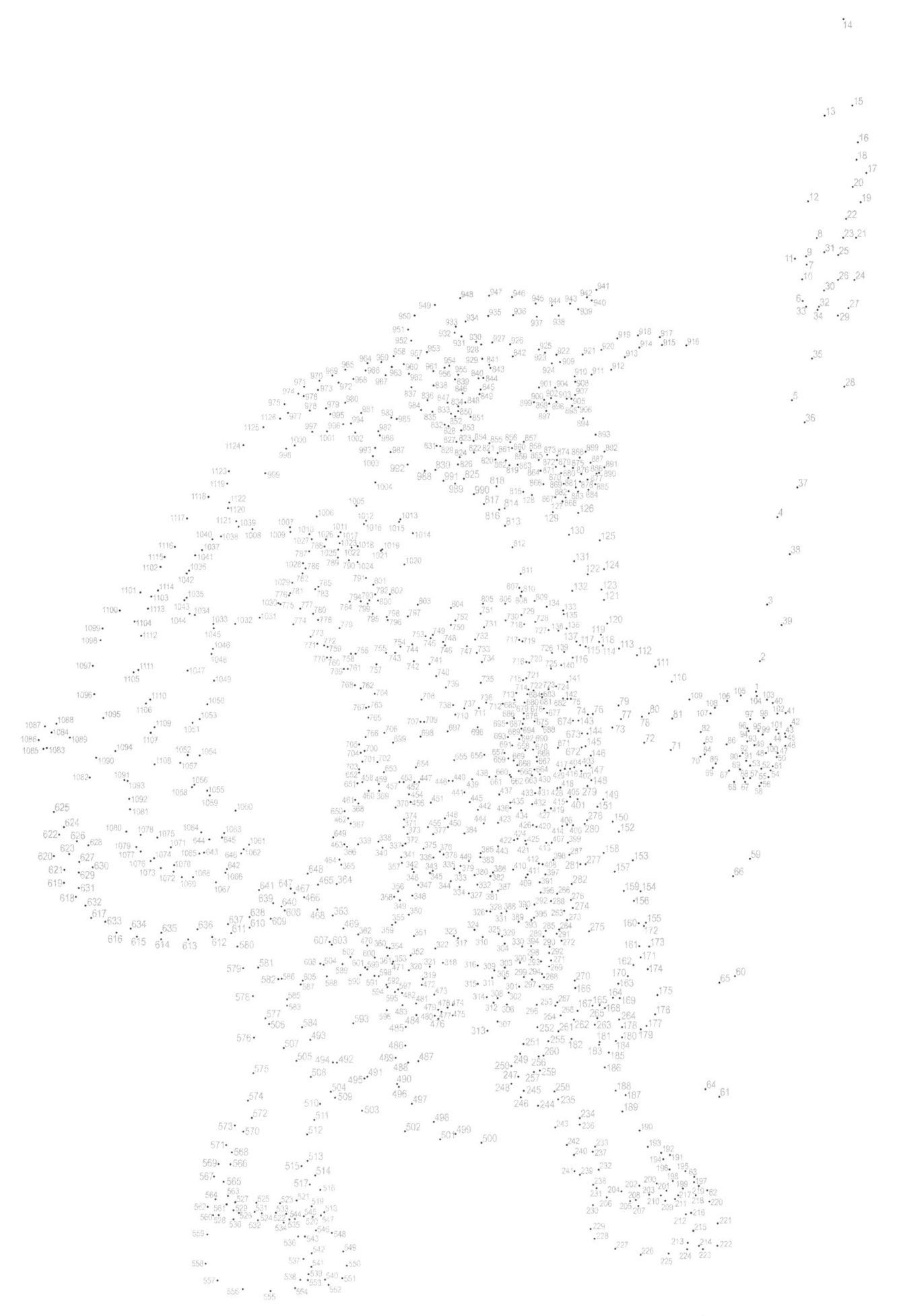

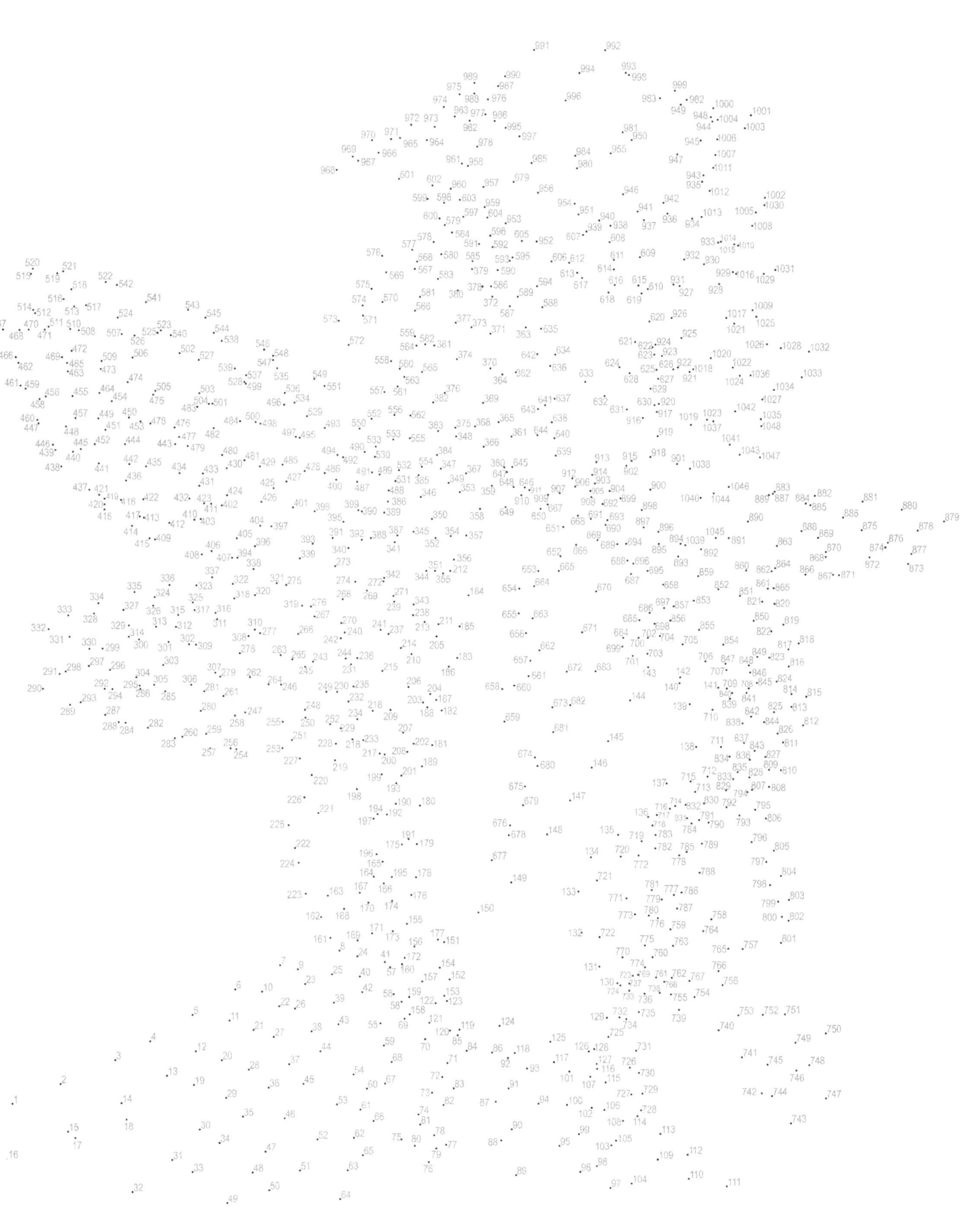

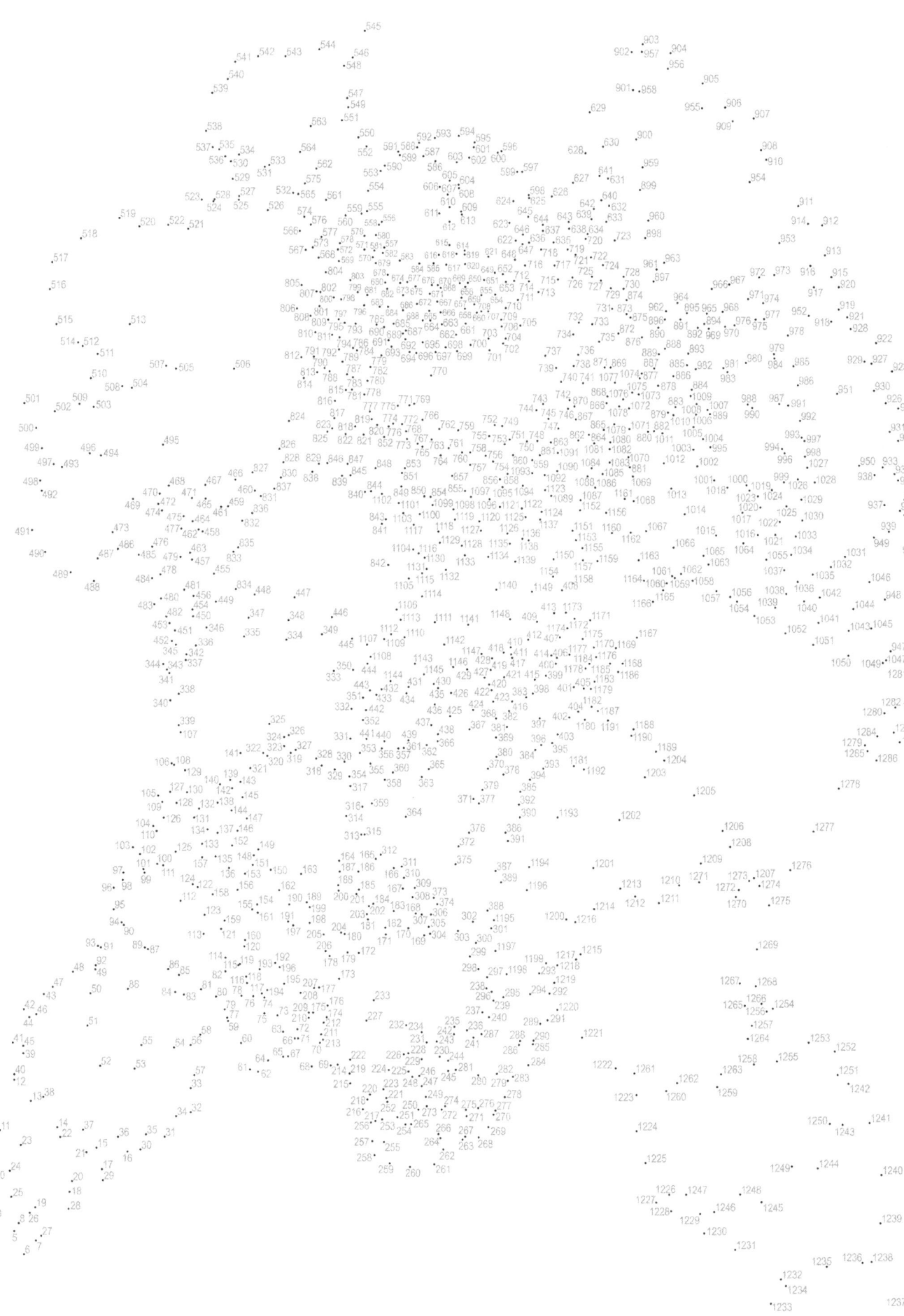

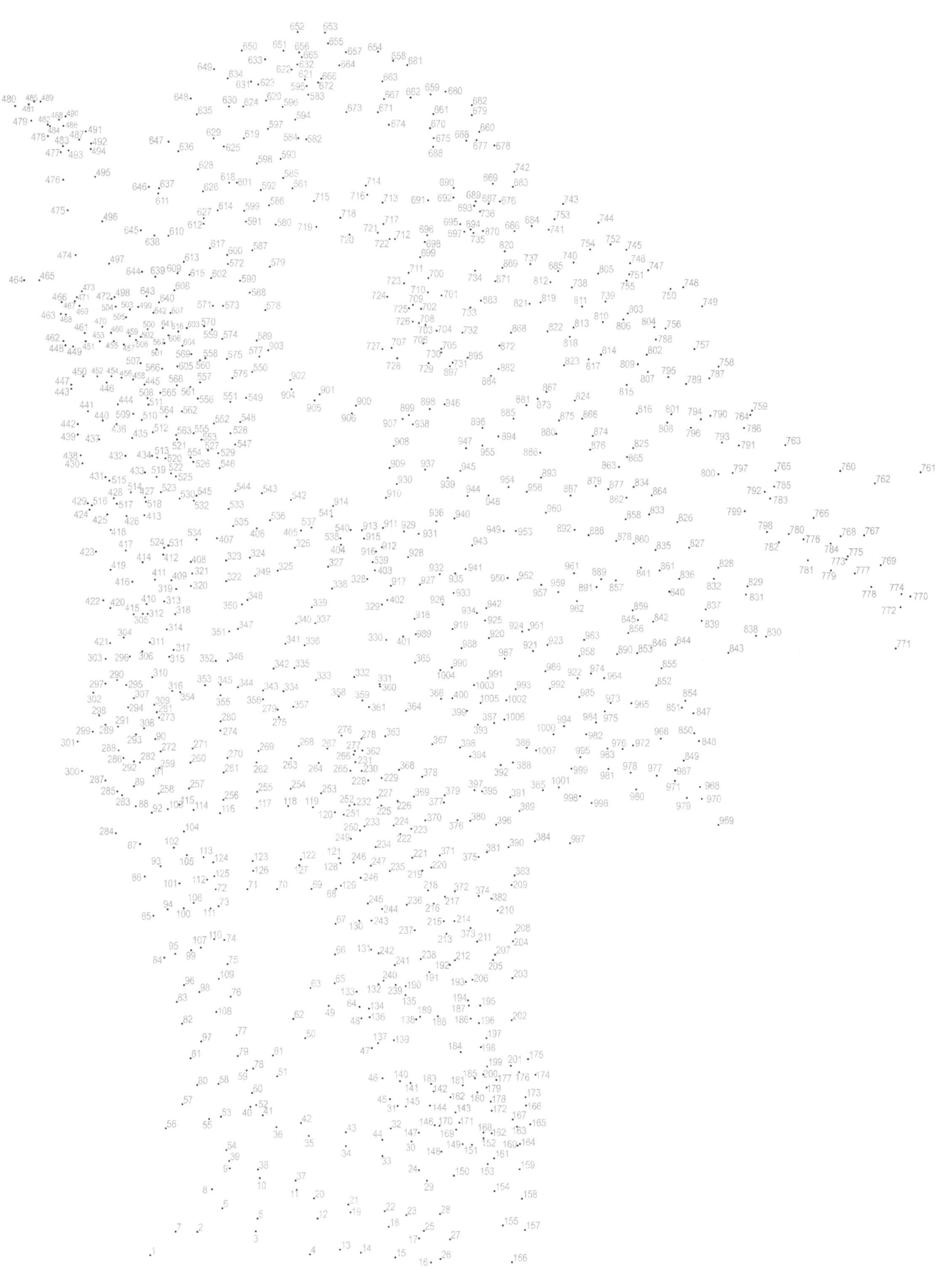

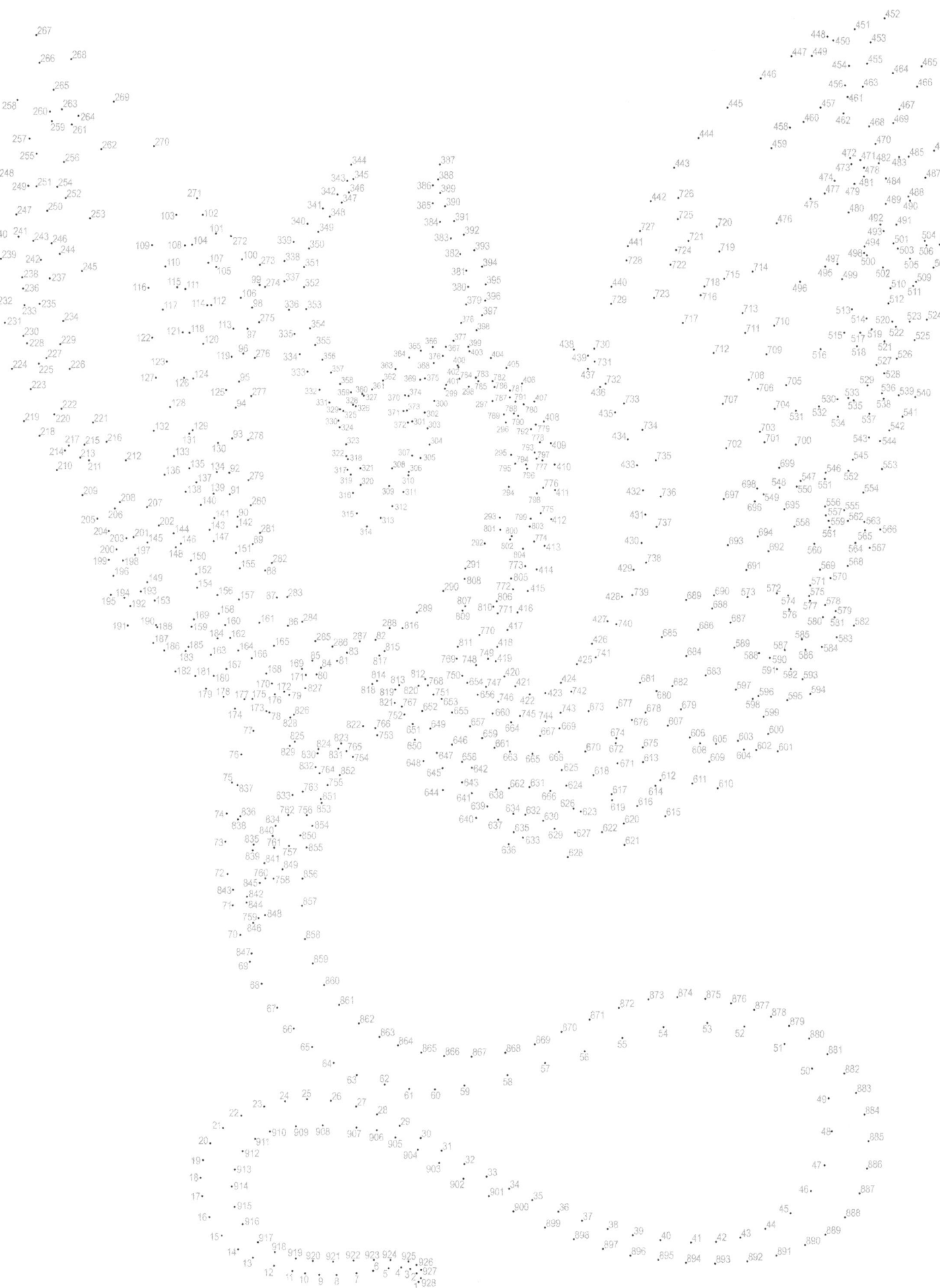

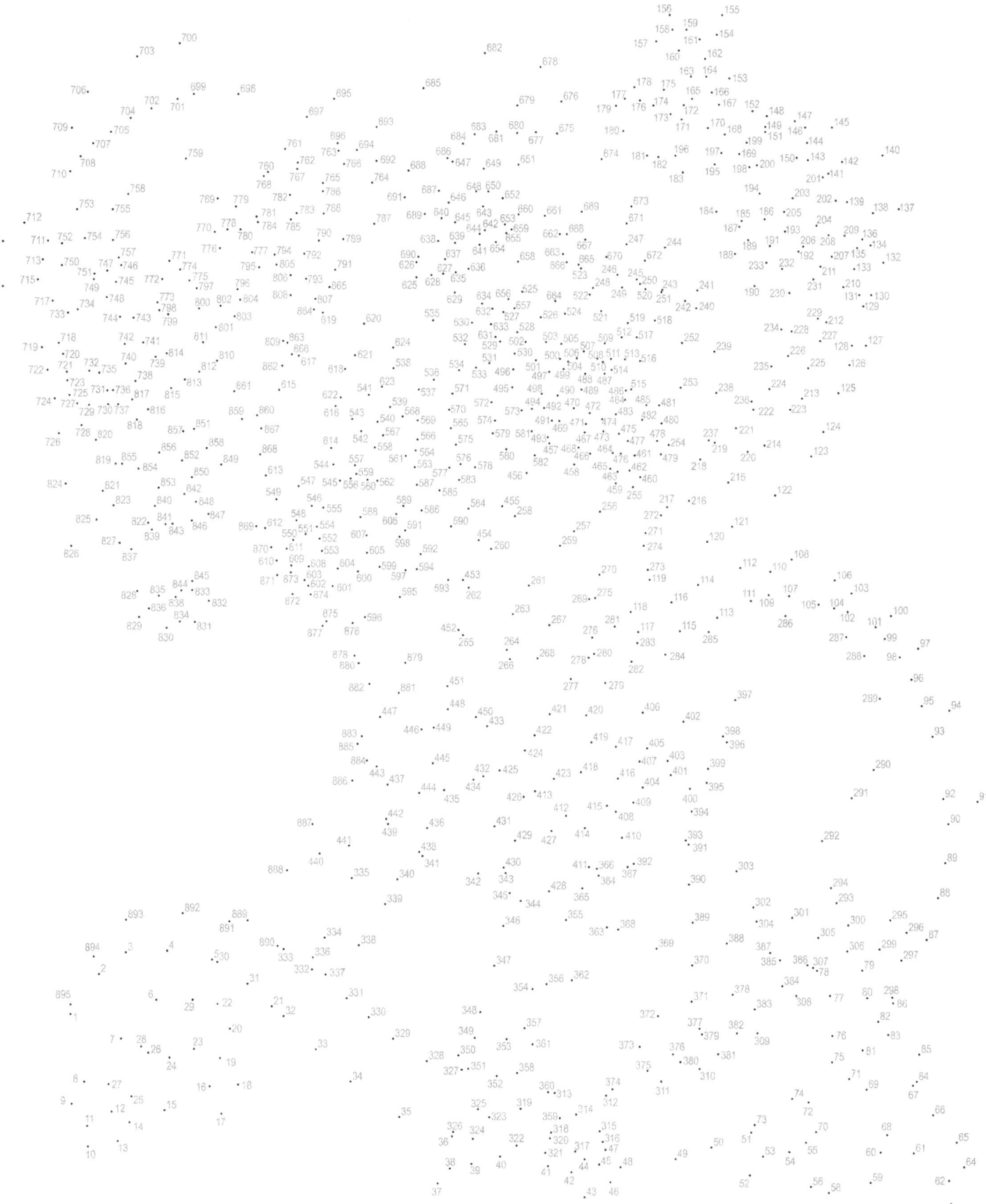

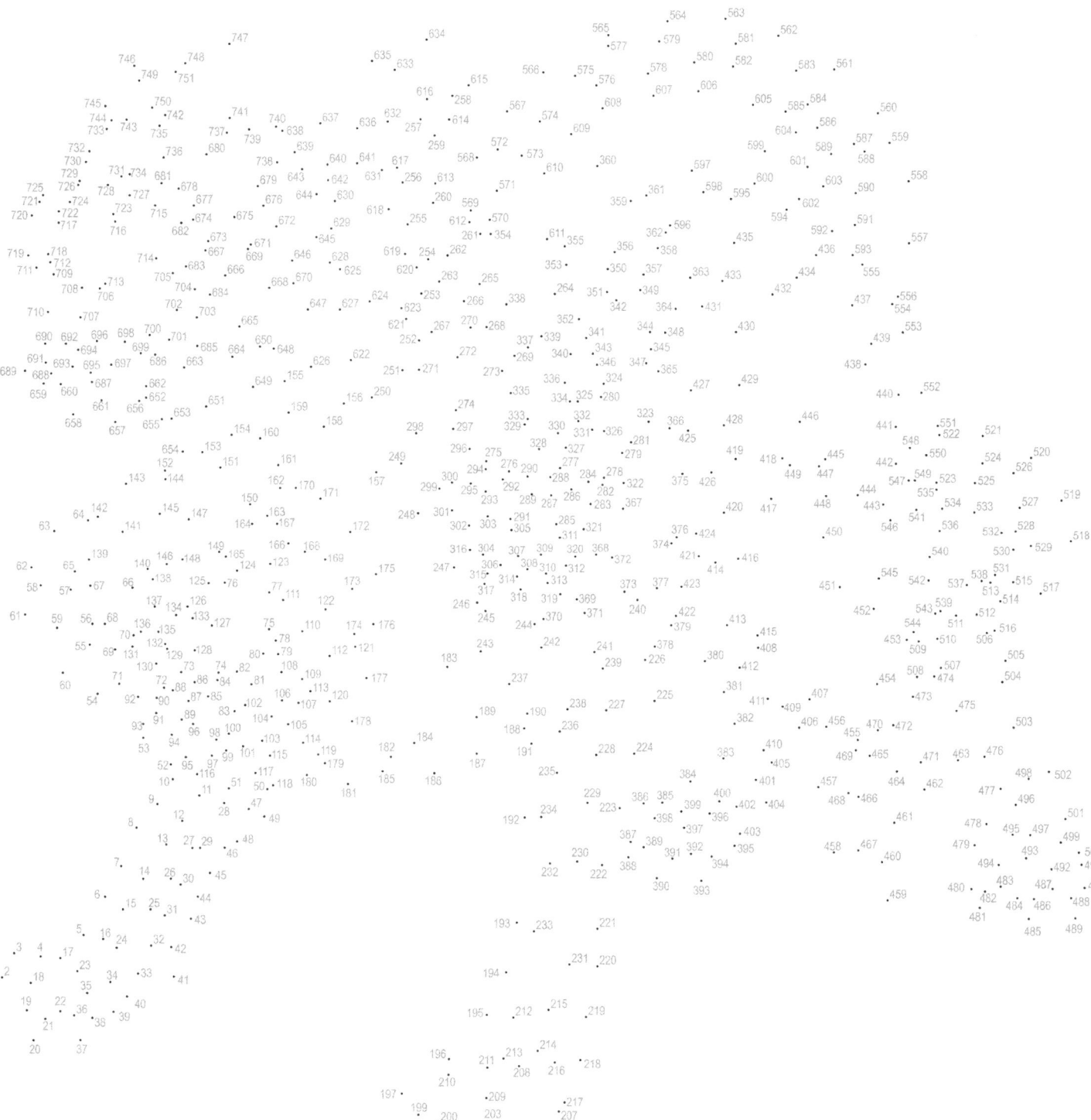

SOLUTIONS

Page 3: Mermaid

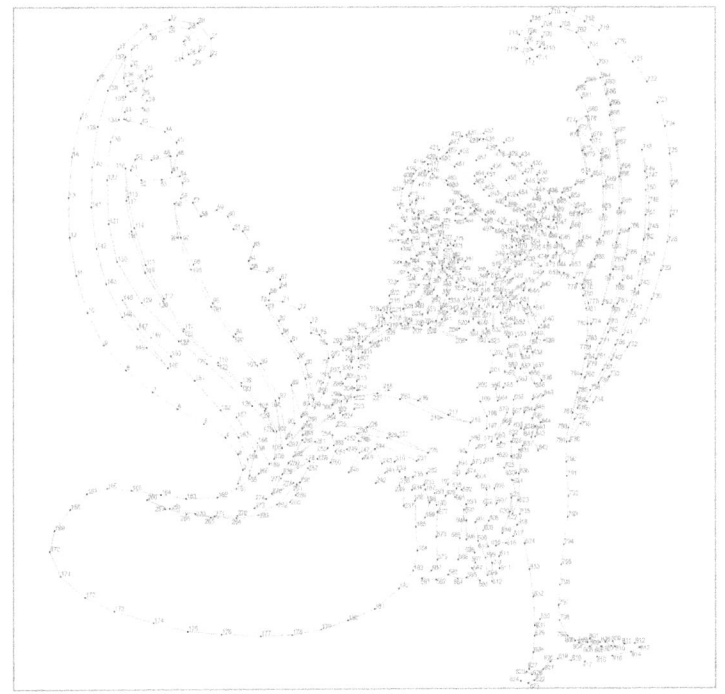

Page 5: Medusa

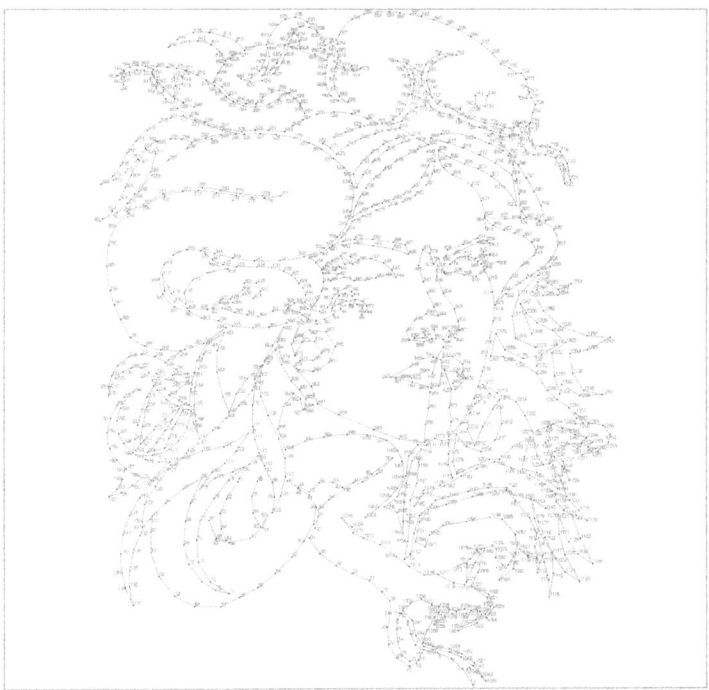

Page 7: Centaur

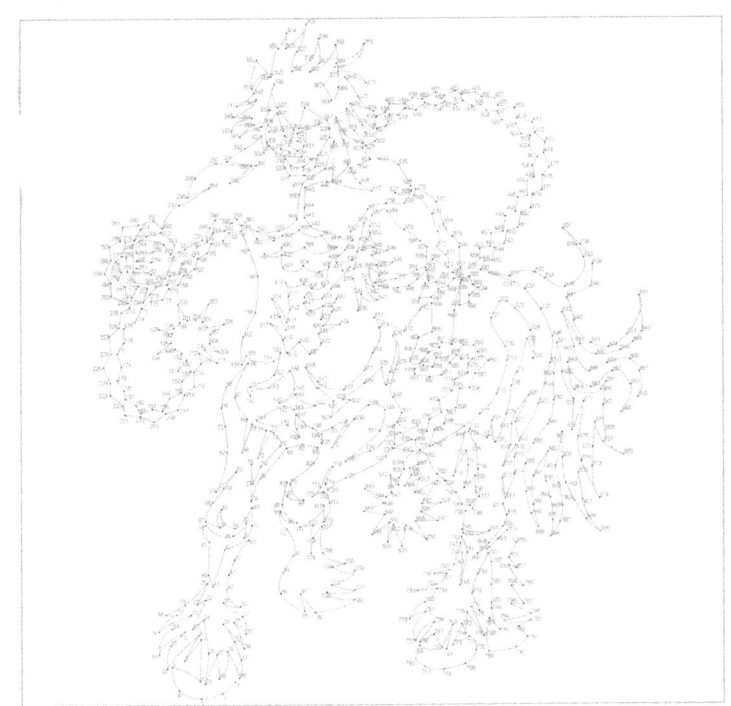

Page 9: Minotaur

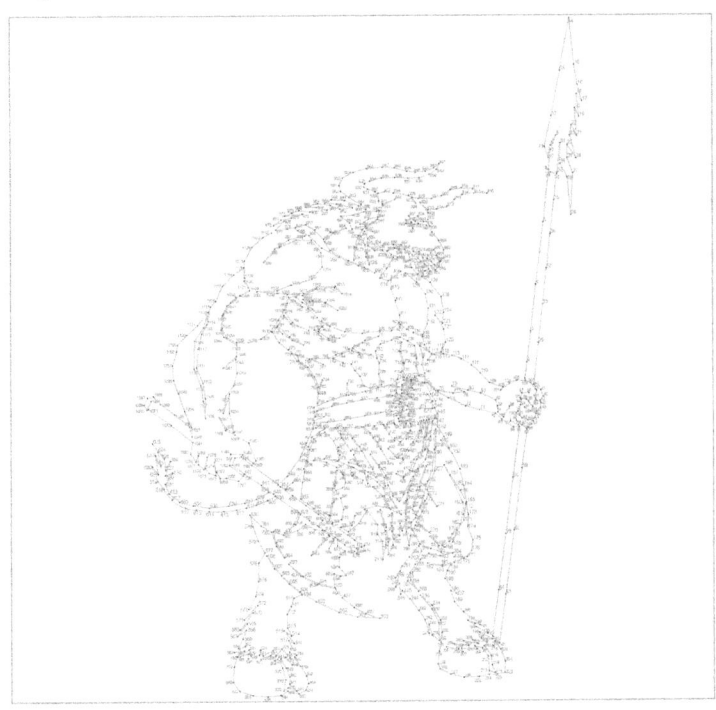

SOLUTIONS

Page 11: Hippogryph

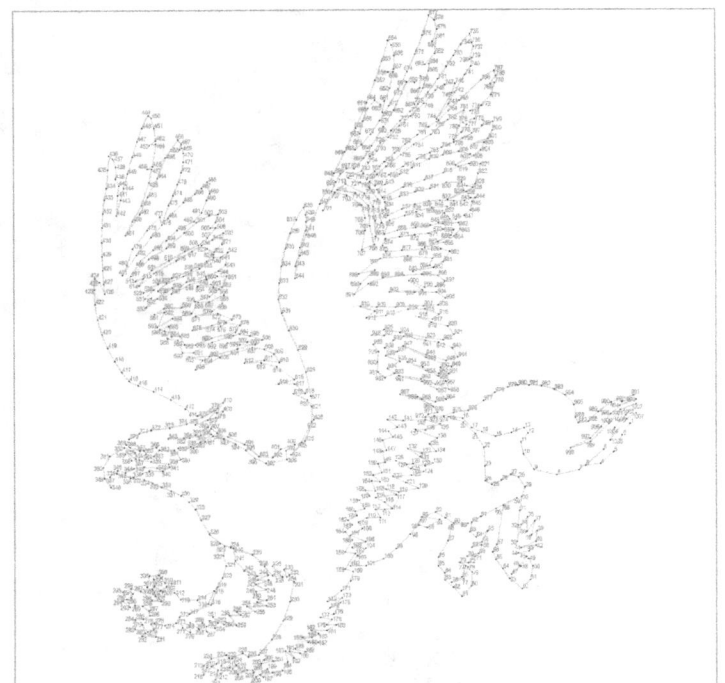

Page 13: Fairy

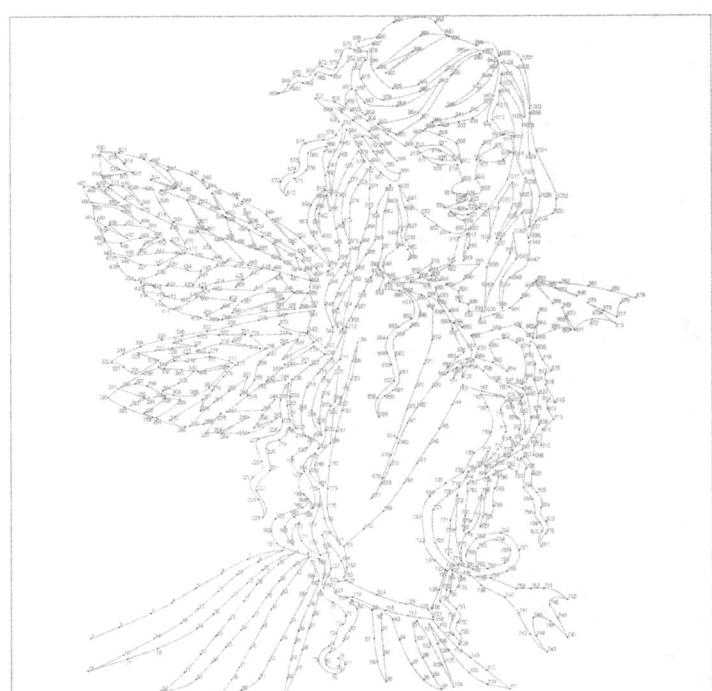

Page 15: Pegasus

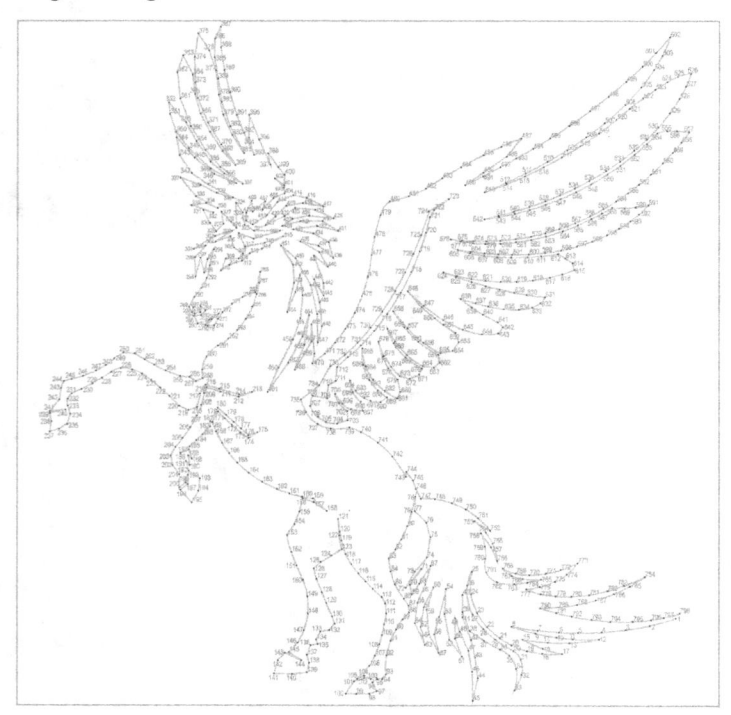

Page 17: Dragon

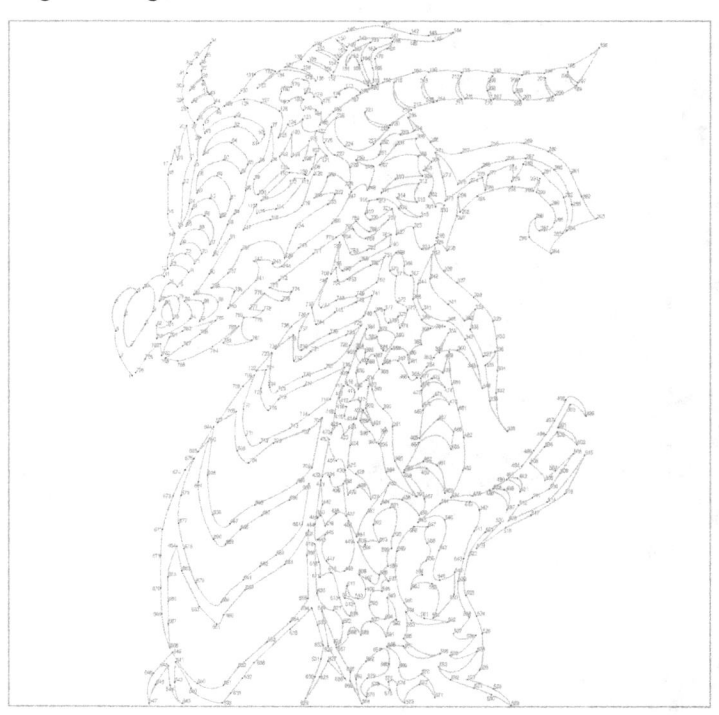

SOLUTIONS

Page 19: Wizard

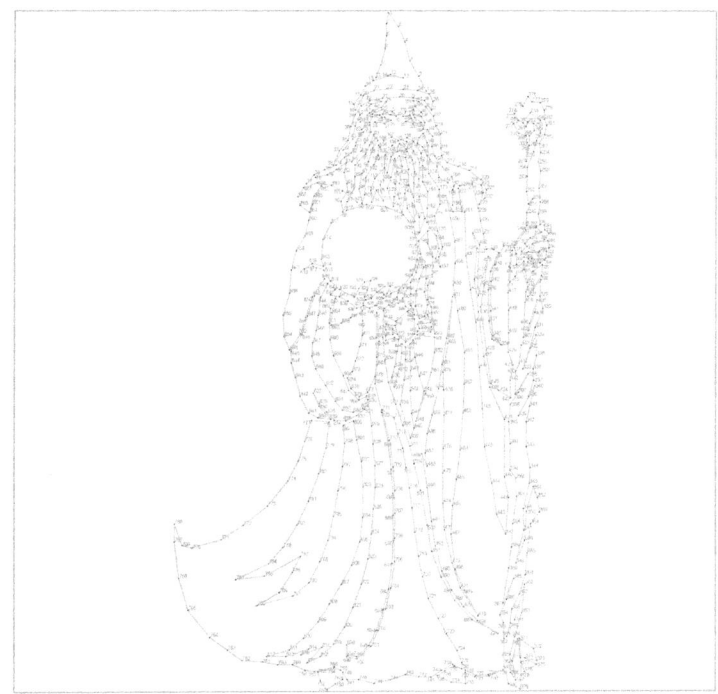

Page 21: Witch

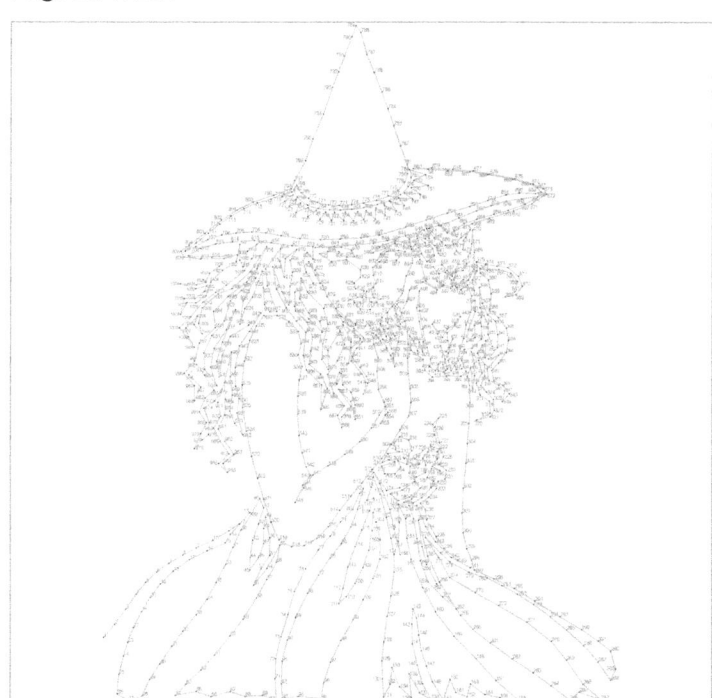

Page 23: Viking Warrior

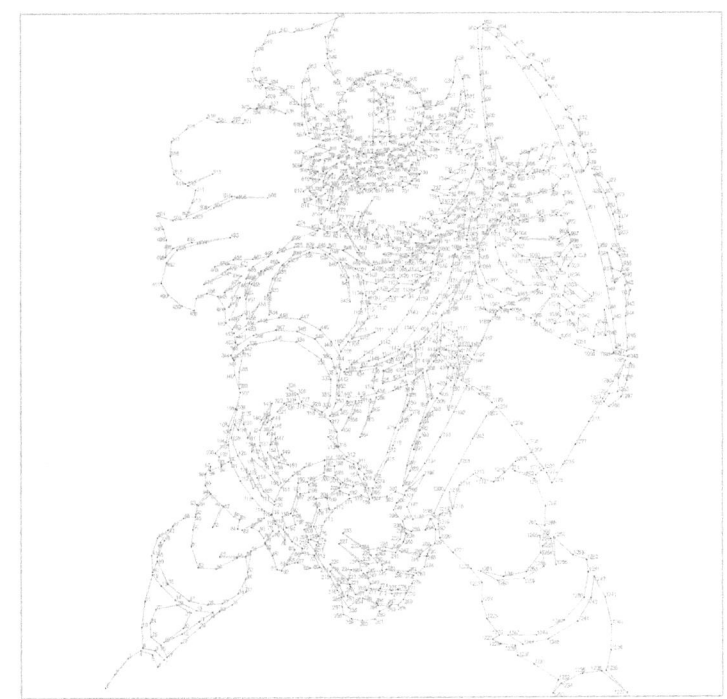

Page 25: Female Warrior

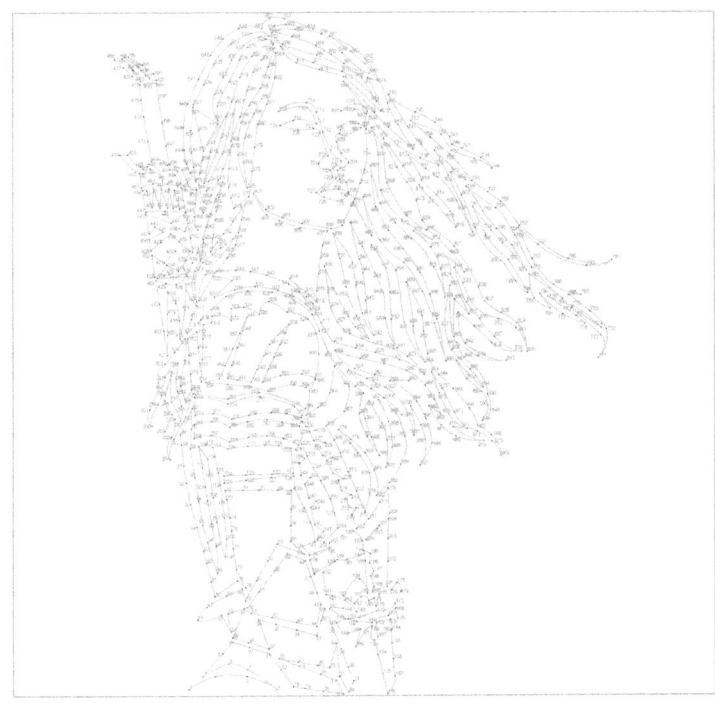

SOLUTIONS

Page 27: Zmiulan

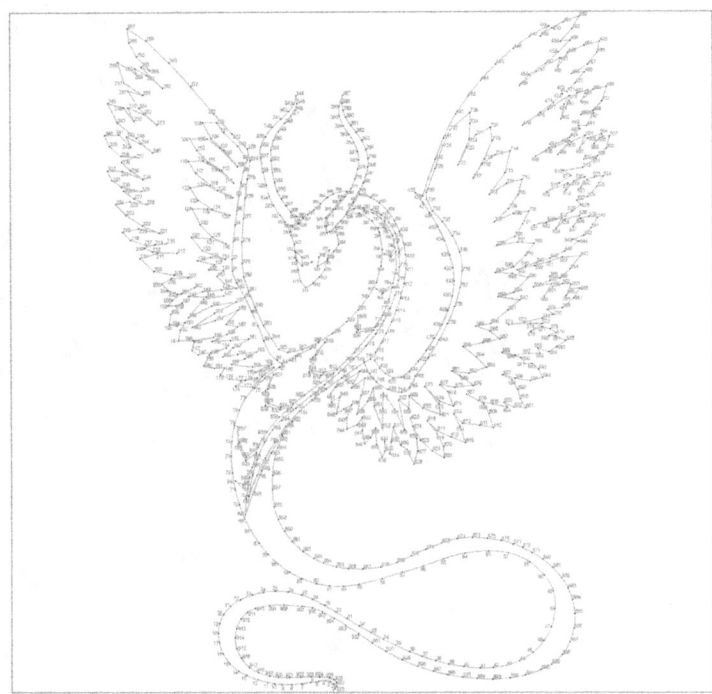

Page 29: Chimaera

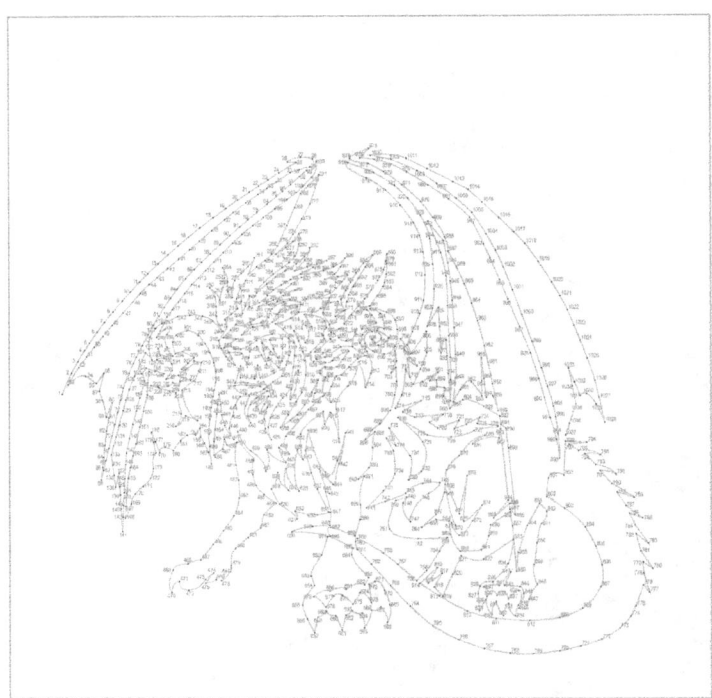

Page 31: Mantikor

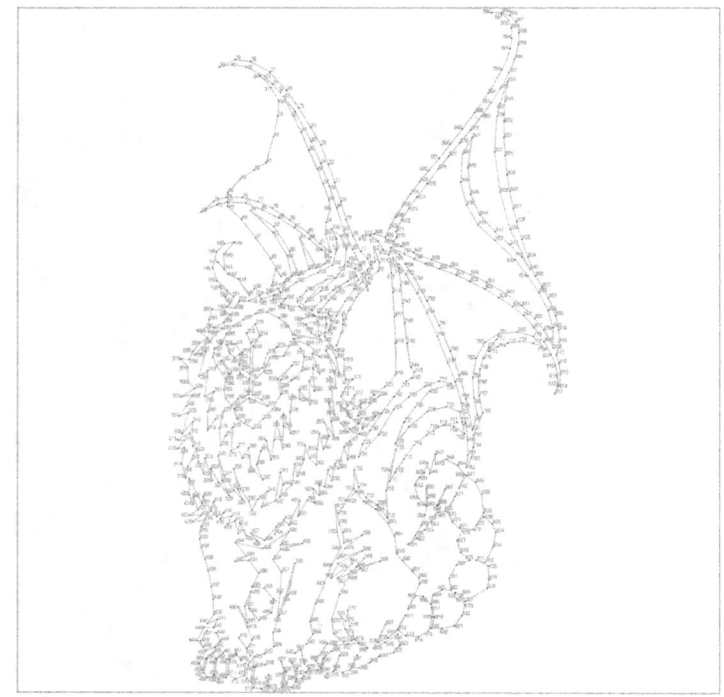

Page 33: Griffin

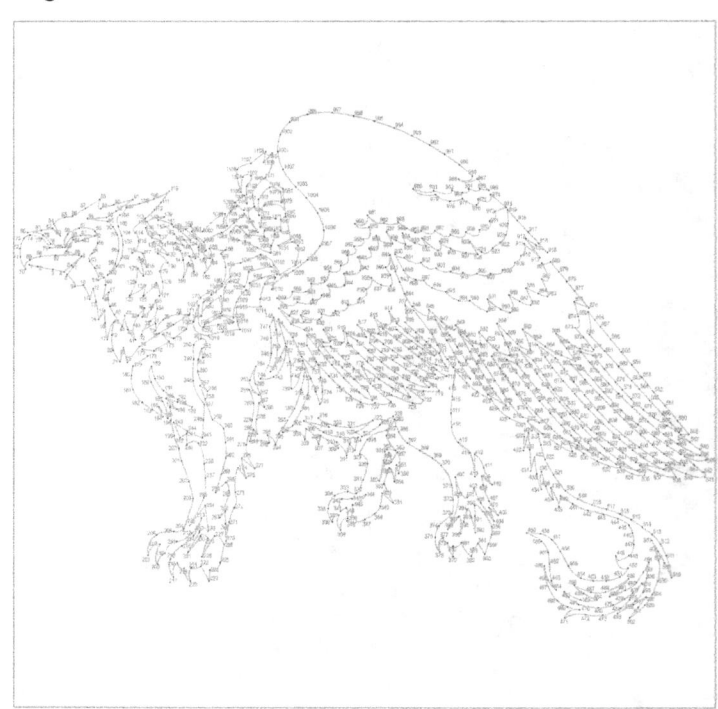

SOLUTIONS

Page 35: Hydra

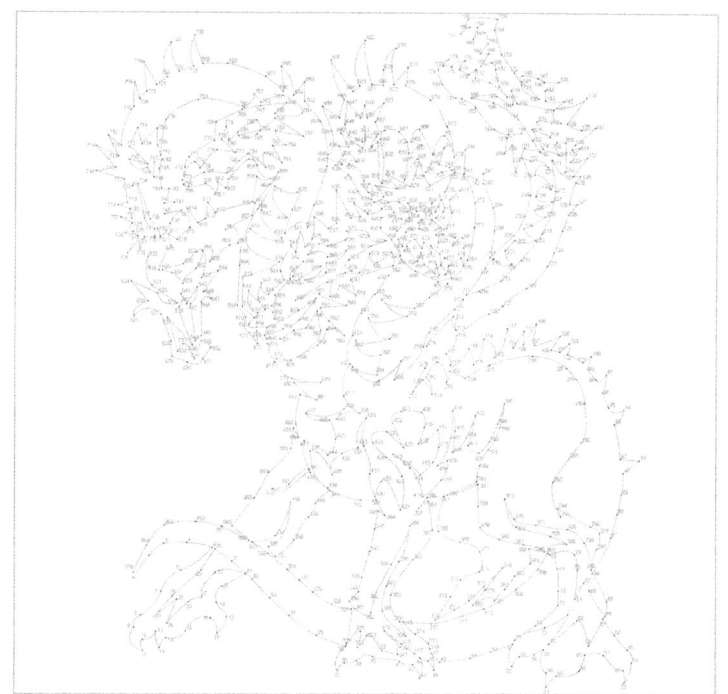

Page 37: Cerberus

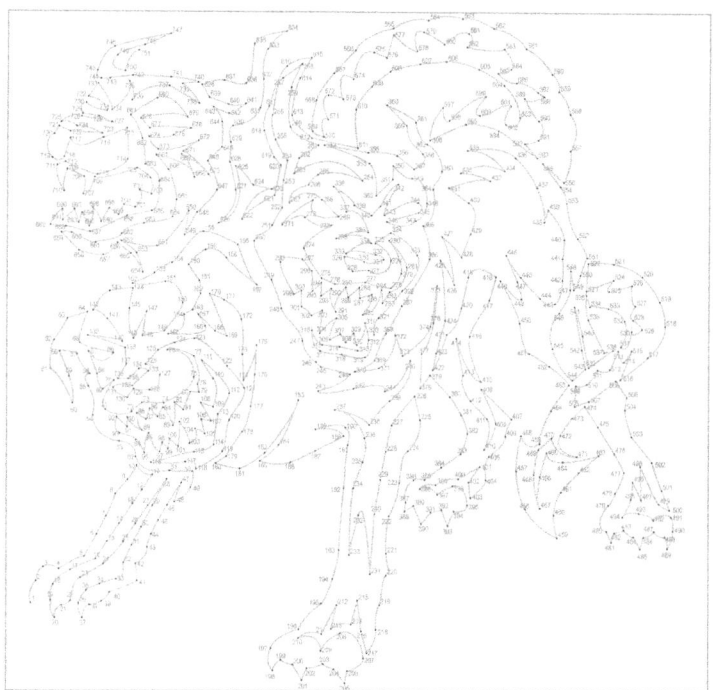

Page 39: Elf

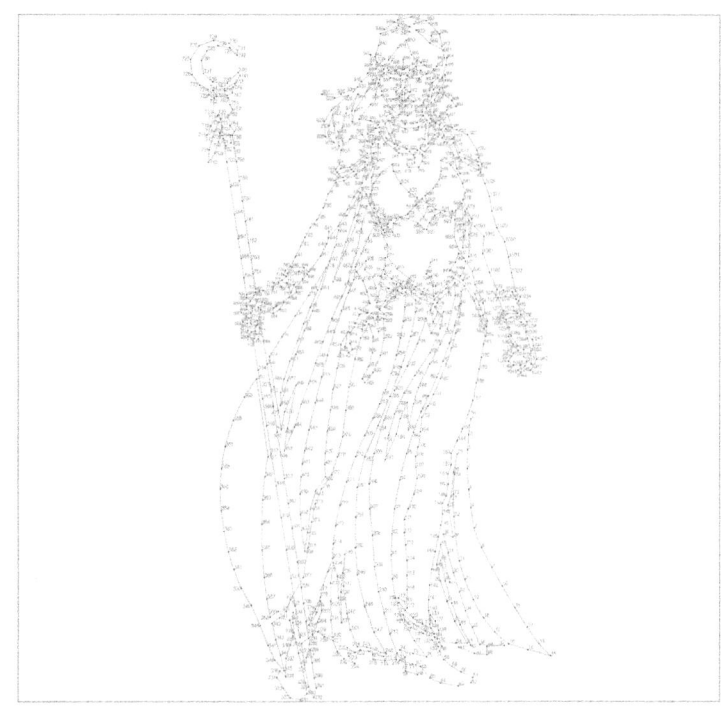

Page 41: Phoenix

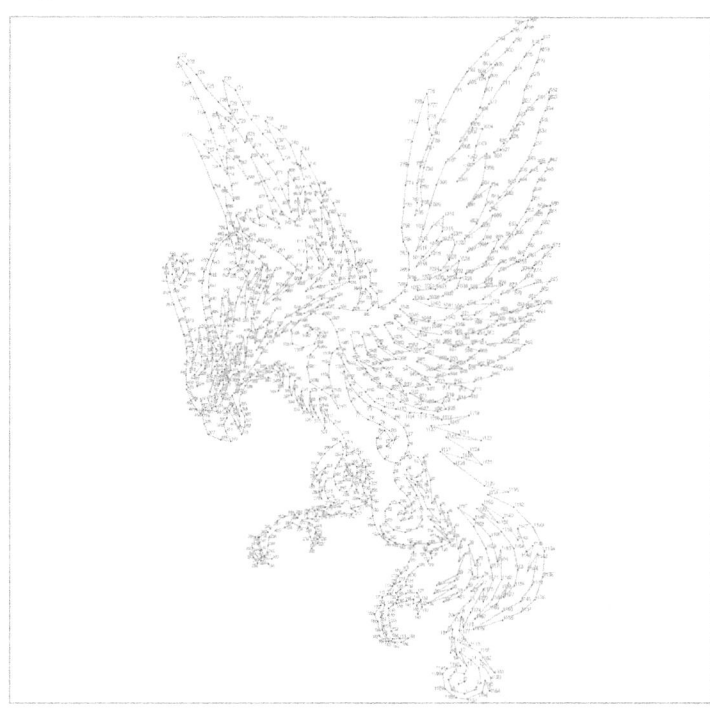

www.ingramcontent.com/pod-product-compliance
Lightning Source LLC
Chambersburg PA
CBHW080911220526
45466CB00011BA/3552